Inhalt

Controlling der Supply Chain

Kernthesen

Beitrag

Fallbeispiele

Weiterführende Literatur

Impressum

GENIOS WirtschaftsWissen Nr. 01/2004 vom 13.01.2004

Controlling der Supply Chain

M.Westphal

Kernthesen

- Der Wettbewerb findet in Zukunft nicht mehr zwischen einzelnen Unternehmen, sondern zwischen konkurrierenden Wertschöpfungsketten statt
- Die Steuerung dieser Wetschöpfungsketten (Supply Chain Management) bedingt eine (unternehmens-)übergreifende Koordination und ein integrierendes Controlling, um alle Potenziale zur Kostensenkung und Leistungssteigerung zu erschließen
- Aufgrund der großen Bedeutung nicht-monetärer Kennzahlen etablieren sich Performance Measurement Tools, die auf

der Balanced Scorecard basieren

Beitrag

In der betriebswirtschaftlichen Literatur gewinnt das Thema des Managements von Wertschöpfungsketten (Supply Chain Management) zunehmend an Bedeutung. Ansatzpunkt ist die These, dass der Wettbewerb in Zukunft nicht mehr zwischen einzelnen Unternehmen, sondern zwischen konkurrierenden Wertschöpfungsketten stattfinden wird. Diese These bedingt, dass das Erschließen der Potenziale zur Kostensenkung und Leistungssteigerung nur durch eine (unternehmens-)übergreifende Koordination sowie ein zielgerichtetes integrierendes Controlling sichergestellt werden können.

Zusammenarbeit bei der Supply-Chain-Planung /-Kontrolle

Durch Collaborative Supply Chain Planning kann in einem Produktions- und Logistiknetzwerk, an dem mehrere Unternehmungen beteiligt sind, die Kostenposition verbessert und der Servicegrad erhöht werden.
Supply Chain Management beschreibt die integrierte

Planung, Steuerung und Kontrolle der Güter- und Informationsprozesse in einem Produktions- und Logistiknetzwerk. Hierbei werden alle beteiligten Bereiche, häufig sogar mehrere Lieferanten, Produktionsstandorte, Distributionsläger und Kunden zusammen betrachtet. (1)

Um im Rahmen eines Collaborative Supply Chain Planning optimale Ergebnisse zu erzielen, ist es notwendig, unternehmensübergreifende, längerfristig angelegte Koordination mit einem intensiven Datenaustausch zwischen allen Partnern des Produktions- und Logistiknetzwerkes zu gewährleisten. Dieser soll eine integrierte Planung der Güter- und Informationsprozesse gestatten, nach definierten, zwischen den beteiligten Unternehmungen abzustimmenden Regeln zur gemeinsamen Erreichung der durch das Supply Chain Management angestrebten Ziele. (1)

Die im Rahmen eines solchen Unternehmensverbundes notwendigen hohen Investitionen setzen eine längerfristige Zusammenarbeit der beteiligten Unternehmungen voraus, um die angestrebte Amortisation durch die Nutzung von Verbesserungspotenzialen zu erreichen. (1)

Zu beachten ist, dass im Rahmen des

Datenaustausches Akzeptanzprobleme beim Kunden hervorgerufen werden können, wenn z. B. wettbewerbssensible Daten an einen Lieferanten gegeben werden, der auch Produkte an Konkurrenten des Kunden liefert und ein Missbrauch der übermittelten Daten nicht auszuschließen ist. (1)

Durch Collaborative Supply Chain Planning soll eine verbesserte Planungsgüte gegenüber den Teilplanungen der einzelnen Unternehmen erreicht werden. Ohne die integrierte Sichtweise des betrachteten Produktions- und Logistiknetzes kann die angestrebte Planungsgüte von den einzelnen Unternehmen nicht erreicht werden. (1)

Hinsichtlich der resultierenden wirtschaftlichen Vorteile kann für die einzelnen Partner evtl. ein Ungleichgewicht entstehen, welches eines Regelungsbedarfes hinsichtlich geeigneter Ausgleichsmechanismen bedarf. (1)

Collaborative Supply Chain Planning ist durch fünf wesentliche Merkmale charakterisiert:
- Längerfristige Zusammenarbeit
- Intensiver, geregelter Datenaustausch
- Gemeinsame Erreichung der Ziele
- Regelung der wirtschaftlichen Konsequenzen
- Planungsdurchführung bzw. beeinflussbarkeit verbleibt bei den Unternehmungen. (1)

Ebenen der Supply-Chain-Planung

Strategisches Supply Chain Planning

Die Kapazitäten für Produktgruppen werden auf Basis gemeinsam erstellter Nachfrageprognosen sowie dem Austausch monetärer Größen unterstützt. Die Planungshäufigkeit ist gering und wird in der Regel in von den beteiligten Unternehmen gemeinsam besetzten Projektteams durchgeführt. (3)

Taktisches Supply Chain Planning

Im Rahmen des taktischen Supply Chain Planning werden für einen mittelfristigen Zeitraum die Produktionsmengen der Produktionsstandorte ermittelt, ebenso wie die Lagerhaltungsmengen der Distributionslager, die Distributionsmengen zu den Kunden sowie die inner- und zwischenbetrieblichen Transportmengen unter Berücksichtigung des Ausgleichs evtl. vorhandener saisonaler Nachfragen.

(1)

Operatives Supply Chain Plannning

Aufgrund des erforderlichen Detaillierungsgrades wird das operative Supply Chain Planning funktionsbezogen durchgeführt. Außerdem unterstützt z. B. die Beschaffungsplanung bei der Generierung von Bestellaufträgen an die Lieferanten für die erforderlichen Einsatzmaterialien. Sie umfasst u. a. die Möglichkeiten einer programm- und verbrauchsorientierten Materialdisposition. (1)

Die wichtigsten Faktoren im Supply-Chain-Planning

Kenngrößen, die im Rahmen eines sinnvollen Supply-Prozess-Controllings ermittelt werden müssen, sind restriktionsbasierte Verfügbarkeitsprüfungen. So werden zur Ermittlung eines Liefertermins für einen Kundenauftrag die verfügbaren Lagerbestände, auch "Available to Promise", bzw. die aktuellen Kapazitätsbelegungen, auch "Capable to Promise" berücksichtigt. (1)

Vendor Managed Inventory:

Im Rahmen einer unternehmensübergreifenden Koordination übernimmt der Lieferant die Disposition von Lagerbeständen bei einer im Produktions- und Logistiknetzwerk nachgelagerten Unternehmung und bedingt einen einseitigen Datenaustausch. (3) So ist z. B. dieses Logistikzentrum in das Controlling des beauftragenden Unternehmens zu integrieren. Hierbei sollte sich der Aufbau des Logistik-Controlling-Systems am Ansatz des Supply Chain Managements orientieren. Ein großer Fehler wäre es, dass Logistikzentrum im Controlling rein als Black-Box zu akzeptieren, so könnten keine Optimierungen über die gesamte Lieferkette sicher gestellt werden. Sofern die Netzwerke sogar international aufgestellt sind, sollte ein Logistik-Controlling auf Basis eines Data-Warehouse zur Verfügung stehen, damit die entsprechend notwendige Datenverfügbarkeit weltweit sichergestellt ist. Genutzt werden können die Daten neben reiner Kennzahlenermittlung auch für den Aufbau einer Kostenprozessrechnung, die auf den vom Logistik-Dienstleister beruhenden Detaildaten basieren und somit auch Teil einer Leistungsbewertung sein können, sofern seine

Vergütung an Leistungskennzahlen geknüpft ist. (2)

Die Supply Chain optimierende Prozesse sind gerade bei Unternehmen wichtig und wirkungsvoll, bei denen die Lieferzeiten kürzer als die Durchlaufzeiten sind und die gleichzeitig oder gerade deshalb hohe Bestände gebunden haben. Entsprechende Optimierungen (z. B. Vorproduktion auf möglichst standardisiertem Zwischenstand) können unmittelbare Ergebnisverbesserungen ermöglichen. Solche standardisierten Teile begrenzen nicht nur die Teilevielfalt, sondern lassen sich auch dichter packen, sofern sie als Vorprodukte für weltweite Produktionsstandorte versandt werden, um sie dann möglichst nah am Endkunden fertigzustellen. Durch dieses "Design for Supply Chain" lässt sich auch viel Geld sparen. (3)

Darüber hinaus ist zu beachten, dass sich viele Ziele widersprechen. Wenn jedes Unternehmen die für seine Supply Chain spezifisch optimierbaren Ziele realisieren würde, würde die "gesamte" Supply Chain u. U. nicht optimiert sein.

Wichtig bei jeglicher Planung von Supply Chain-Projekten und ihrer Optimierung ist die Integration der Supply Chain und des Customer-Relationship-Managements zu einer Extended Supply-Chain. Nur so lassen sich wirklich alle Einsparpotenziale in der

Wertschöpfungskette realisieren.

Auch im Rahmen der Lagerhaltungspolitik innerhalb von Supply Chains lassen sich Einsparungen erzielen. Auch bei reiner Lagerhaltungsplanung ist ein gemeinsames und koordiniertes Vorgehen mit den unterschiedlichen Supply Chain-Partnern einer isolierten Vorgehensweise vorzuziehen. Bei gemeinsamer Planung darf es keine dominante Supply-Chain-Lagerhaltungspolitik geben. Die Auswahl der passenden Lagerhaltungspolitik muss immer im Kontext der konkret vorliegenden Supply Chain erfolgen, weil je nach Art der Supply Chain die verschiedenen Beurteilungskriterien (Bestell-, Lagerhaltungskosten, Service Grad) eine unterschiedliche Gewichtung erfahren. (4)

Die Supply Chain Scorecard

Im Rahmen von unternehmensübergreifenden Controlling-Tools, die die gesamte Komplexität von Supply Chain-Prozessen messen können, haben sich Performance Measurement-Tools entwickelt, die sich an die Balanced Scorecard anlehnen. Das beruht insbesondere auf der Tatsache, dass gerade im Supply Chain Management die nicht-monetären Messgrößen dominieren.

Besondere Ziele, die mit der Einführung einer Supply Chain Scorecard verfolgt werden können, sind:
- Messung des Projekterfolgs,
- Schaffung von Transparenz über den Erfolg in der Zusammenarbeit in der Supply Chain
- Fokussierung auf erfolgskritische Messgrößen
- Klärung und Schaffung von Konsens im Hinblick auf die gemeinsamen Ziele der Partner in der Wertschöpfungskette
- Frühzeitiges Erkennen von Zielkonflikten
- Unterstützung bei der Priorisierung von Maßnahmen zur "gemeinsamen" Optimierung der Supply Chain (und nicht des einzelnen Unternehmenserfolges) (5)

Im Rahmen von unternehmensübergreifenden Scorecard-Konzeptionen ist zu beachten, dass das traditionelle Scorecard-Konzept auf einzelne Unternehmen ausgerichtet ist. Im Rahmen des Managements von unternehmensübergreifenden Wertschöpfungsketten muss beachtet werden, dass sowohl unternehmensübergreifende als auch unternehmensbezogene Messgrößen integriert werden.

Hierbei geben die unternehmensübergreifenden Messgrößen Informationen über die Leistung der Supply Chain insgesamt, während die unternehmensbezogenen Messgrößen auf Potenziale bei einzelnen Akteuren der Wertschöpfungskette hinweisen. (5)

Fallbeispiele

Nestle erkannte schon im Jahre 1997 die Notwendigkeit, ein konzernweites Messystem einzuführen. Innerhalb eines integrierten Rahmens sollen alle relevanten Geschäftsprozesse mit Hilfe sogenannter Schlüsselindikatoren (Key Performance Indicators oder KPI) gemessen werden. Der Schwerpunkt des Messsystems sollte hierbei auf dem Management der Lieferkette (Supply Chain Management) basieren.

Das sogenannte Globe-Projekt, welches 2000 eingeführt wurde, konzentriert sich auf Indikatoren der operativen Leistung wie beispielsweise Kundendienst, "Time-to-Market", oder die Wirksamkeit von Innovationen.

Ebenso gibt es eine nach außen gerichtete Perspektive, die die Wettbewerbsfähigkeit, z. B. anhand von Marktanteilen, der Verfügbarkeit der Produkte in der Distribution und der Präferenz der Konsumenten misst.

Die meisten dieser Indikatoren sind nichtfinanzielle, also weiche Messgrößen. Die Messung der Leistungen dient vielfältigen Zielen, daher sind operative

Kennzahlen fest in die Geschäftsabläufe eingebettet, sowohl auf individueller wie auf Abteilungsebene und sind damit in den Strukturen der Organisation manifestiert. (6)

Berentzen und Melitta bündeln ihre Warenströme, um damit Kosten zu senken. Im Rahmen einer Kooperation lagern sie ihre Waren im gemeinsamen Logistikzentrum ein, welches vom Dienstleister MLS betrieben wird. Die Ware der beiden Firmen wird gemeinsam eingelagert, kommissioniert und in gemeinsamen Touren an den Handel distribuiert. Da etwa zwei Drittel der Kunden deckungsgleich sind, hat die seit 2001 bestehende Kooperation eine Kostenreduzierung im zweistelligen Prozentbereich erwirtschaftet. (7)

Der Hersteller von Tiernahrung und Food "Masterfoods" will dafür sorgen, dass ab 2005 mit Hilfe eines harmonisierten Datenaustauschs ein verstärktes Controlling der Supply Chain stattfinden kann. Dazu wird auf Basis von SAP und Manugistics eine einheitliche IT-Plattform installiert, welche auch den Aufbau einer globalen Stammdatenbasis ermöglichen soll. (7)

Die Metro organisiert ihre Logistik in intelligenten und hoch skalierbaren Netzwerken. Hierzu ist die MDL (Metro Group Distributions Logistics GmbH)

gegründet worden, die sämtliche Waren- und Informationsflüsse zwischen Lieferanten, Dienstleistern und Filialen des Konzerns steuert. So werden alleine in Deutschland 1.700 Filialen beliefert, die mehr als eine Million Einzelartikel von über 4.000 Lieferanten anbieten.
Aufgrund des zunehmenden Wettbewerbsdrucks im Handel kommt der Verfügbarkeit aller Artikel im Verkaufsregal die gleiche Bedeutung zu wie die Komplettverfügbarkeit aller Teile in der Massenfertigung.
Somit konnte ein Lieferanten-getriebenes Modell von der Metro nicht weiter akzeptiert werden, zumal die Rampen einiger Cash&Carry-Märkte pro Tag 150 Liefervorgänge bewältigen mussten, bei denen die LKW durchschnittlich nur eine Palette anlieferten, was ein Chaos an der Rampe verursachte. Um dieser Problematik Herr zu werden, setzt die Metro wesentlich mehr Cross-Docking-Terminals ein als jeder andere Handelskonzern. Unter Cross-Docking-Terminals wird hierbei die Zusammenfassung der Artikel verschiedener Quellen/Lieferanten in einem Handelslager verstanden, aus dem dann die Filialen beliefert werden.Traditionell hat man bei Cross-Docking-Terminal-Lösungen **einen** "Bruch". Die Metro hingegen bricht die meisten ihrer Warenströme **zweimal**. In lieferantennahen Terminals werden die Waren nach Bedarf der filialnahen Terminals gesammelt und von dort auf die

Filialen aufgeteilt. Die Metro bestimmt den Zeitpunkt und Ablauf der Güterabholung und anlieferung selbst. Die Distributionsdauer wird berechnet und ständig aktualisiert, so dass die Filialen ihre Verräumteams exakt auf die Ankunft der LKW einstellen können. Dadurch wird die Zeitspanne von der Warenannahme bis zur Präsentation deutlich gesenkt.der Verfügbarkeitsgrad der Waren verbesserte sich um durchschnittlich sieben Prozent, die Liefertreue liegt bei 98 Prozent und die Schadensquote sank um 20 Prozent und jeder LKW liefert durchschnittlich 30 Paletten pro Filiale an, was letztendlich zu Einsparungen von mehr als 150 Millionen Euro pro Jahr geführt hat. (8)

Weiterführende Literatur

(1) Werners, Brigitte / Thom, Jens, Collaborative Supply Chain Planning, Wirtschaftswissenschaftliches Studium, 10/2003, S. 590 595
aus DVZ, Nr. 136 vom 13.11.2003

(2) Logistiknetzwerke - Die beste Planung kann fehlschlagen
aus LOGISTIK HEUTE, Heft 12/2003, S. 38-38

(3) COMPUTERWOCHE-Roundtable zum Thema Supply-Chain-Management SCM muss beim Kunden

beginnen
aus Computerwoche, 14.11.2003, Nr. 46, S. 32-33

(4) Corsten, Hans / Gössinger, Ralf, Lagerhaltungspolitik in Supply Chains Ökonomische Aspekte und Gestaltungsempfehlungen, Wirtschaftswissenschaftliches Studium, 11/2003, S. 634 641
aus Computerwoche, 14.11.2003, Nr. 46, S. 32-33

(5) Zimmermann, Klaus, von Flotow, Paschen; Seuring, Stefan; Supply Chain Balanced Scorecard, eine Fallstudie zum Management von Wertschöpfungsketten mit der Balanced Scorecard, Controlling, Heft 10/2003, S. 555 - 563
aus Computerwoche, 14.11.2003, Nr. 46, S. 32-33

(6) Wenn der Ebita zurückgeht, ist es zu spät Nestlé steuert nachhaltige Gewinnverbesserung durch Schlüsselindikatoren Von Wolfgang H."Reichenberger *
aus Neue Zürcher Zeitung, 28.11.2003, Nr. 277, S. 85

(7) Berentzen bündelt Logistik mit Melitta
aus Lebensmittel Zeitung 47 vom 21.11.2003 Seite 028

(8) IT in der Logistik/Handelspartner fügen sich einer straffen Organisation Metro diktiert die Liefertermine
aus Computerwoche, 24.10.2003, Nr. 43, S. 40-41

Impressum

Controlling der Supply Chain

Bibliografische Information der deutschen Nationalbibliothek

Die Deutsche Nationalbibliothek verzeichnet diese Publikation in der deutschen Nationalbibliografie; detaillierte bibliografische Daten sind im Internet über http://dnb.d-nb.de abrufbar.

ISBN: 978-3-7379-0006-5

© 2015 GBI-Genios Deutsche Wirtschaftsdatenbank GmbH, Freischützstraße 96, 81927 München, www.genios.de

Alle Rechte vorbehalten. Dieses Werk ist einschließlich aller seiner Teile – z.B. Texte, Tabellen und Grafiken - urheberrechtlich geschützt. Jede Verwertung außerhalb der Grenzen des Urheberrechtsgesetzes bedarf der vorherigen Zustimmung des Verlags. Dies gilt insbesondere auch für auszugsweise Nachdrucke, fotomechanische Vervielfältigungen (Fotokopie/Mikroskopie), Übersetzungen, Auswertungen durch Datenbanken oder ähnliche Einrichtungen und die Einspeicherung und Verarbeitung in elektronischen Systemen.